KB266785

한글의 성서적 의미

한글의 성서적 의미

초판 1쇄 발행 2005년 10월 9일

지은이 · 전택부
펴낸이 · 조병호
펴낸곳 · 도서출판 땅에쓰신글씨
편 집 · 한현주 전민영 문지희
주 소 · 서울시 서초구 서초동 1588-1 신성비지니스텔 A-906
전 화 · 02)525-7794
팩 스 · 02)587-7794
홈페이지 · www.hanshi.or.kr
등 록 · 제21-503호(1993.10.28)

ISBN 89-85738-38-0 03230

* 책 값은 뒤표지에 있습니다.
* 파본은 바꾸어 드립니다.

한글의 성서적 의미

전택부 지음

땅에쓰신글씨

추천의 글

한국은 복음의 전래 시기가 120여 년 밖에 안 되었다는 사실에 비한다면, 현재 그 어떤 나라보다도 성서가 많이 반포된 나라 중 하나입니다. 놀라운 하나님의 은혜입니다. 이 일은 우리말 성서가 '한글'이라는 아름다운 도구로 기록되었다는 절대적 사실과 깊이 연관되어 있습니다.

오랜 세월 변함없이 우리 토박이말과 성서와의 연관성에 대해 숙고하여 그 가치를 밝혀 오신 존경하는 전택부 선생님께서 '한글의 성서적 의미' 에 대해 연구하신 이 글은 참으로 귀하다 하겠습니다. 우리 민족의 소중한 유산인 우리말과 우리글, 그리고 그런 우리글로 쓰인 한글성서의 소중한 가치에 대해 깊이 되짚어 볼 수 있는 기회가 되기를 바랍니다.

– 대한성서공회 총무 민영진 박사

민영진

>>> 책을 내면서

오리 전택부(全澤鳧) 선생님은 1915년 함경남도 문천 출생으로 일제시대와 8 · 15 해방, 6 · 25 전쟁과 군부 독재시절 등 한국 근현대사의 굴곡을 몸소 겪어온, 한국교회사의 산 증인이시다. 일제시대에는 학생운동가로 활동하였고, 1954년 월간 「사상계」 주간으로, 1957년에는 서울 YMCA 종교부장, 1964년부터는 서울 YMCA 총무로 활동하면서 올바른 사회를 만드는 데 힘쓰셨다. '토박이 신앙'을 강조하면서 기독교 신앙 · 신학의 한국적인 맥락을 찾는 데 열중해 왔으며 또한 재야한글학자로서 한글날국경일제정범국민추진위원회 위원장으로 활동하시는 등 한글운동에도 앞장서고 계시다. 요약하면, 전택부 선생님의 아흔 한 해 인생은 두 가지를 위해 달려온 길이었다. 그 하나는 기독교 청년운동의 중요한 단체 YMCA에서의 활동이요, 또 하나는 '한글사랑'에 바친 열정이다.

특히 한글의 우수성은 이미 세계적으로 인정되고 있다. 그리고 이 한글과 한국 기독교는 떼래야 뗄 수 없는 연관성을 갖고 있다. 그런데 이 한글의 성서적 의미에 대해 생각하고 연구하는 일은 아직까지 그 어떤 신학자도, 한글학자도 시도하지 않은 일이었다.

2000년 봄, 기독학생운동사를 연구하고 있던 나는 오리 전택부 선생님을 만나 뵙고 인터뷰하는 가운데, YMCA 사역과 한글운동에 대한 선생님의 사명감과 열정에 깊은 도전을 받은바 있다. 5년여의 세월이 지난 지금, 선생님의 옥고들을 모아 이렇게 출간하게 됨이 무척 기쁘고 감사하다.

전택부 선생님의 「한글의 성서적 의미」는 본 출판사에서 발행하고 있는 월간 「숲과나무」 2005년 11월 · 12월호에 특집으로 연재하였다. 하지만 역사적 · 학문적으로 가치 있는 소중한 글이 상대적으로 시간의 한계를 가진 '월간지'에만 실리고 마는 것이 못내 아쉬워 위 글과 그간 선생님께서 써오신 몇 편의 글을 모아 작은 단행본으로 출간하자는데 의견이 모아졌고, 오리 선생님께 그 뜻을 전달하여 허락을 받았다. 비록 작은 책이지만, 한국교회가 우리말과 우리글에 관심과 애정을 키워가는 데에 한 알의 겨자씨가 되기를 소망한다.

부족한 출판사에 옥고를 맡기신 전택부 선생님께 이 지면을 빌어 다시 한 번 감사의 인사를 드린다. 아울러 바쁘신 중에도 추천의 글을 흔쾌히 보내주신 대한성서공회 민영진 박사님께도 깊은 감사를 드린다.

2005년 10월 1일

– 발행인 조병호 박사

차 례

한글의 성서적 의미

#1
머리말

논문의 제목을 「한글의 성서적 의미」라고 정해 놓고 보니 겁부터 난다. 문자는 말을 바로 기록하기만 하면 되지, 어찌하여 그 이상의 무슨 의미가 있다는 말인가?

성서는 하느님의 말씀을 기록한 책이다. 하느님의 말씀을 제일 먼저 문자로 기록한 사람은 모세다. 하느님은 모세에게 말씀하시기를 "너는 이 말들을 기록하라 내가 이 말들의 뜻대로 너와 이스라엘과 언약을 세웠음이니라(출 34:27)."라고 하셨다. 그래서 기록된 책이 창세기, 출애굽기 등 모세오경(五經)이다. 이것은 히브리어 문자로 되어 있다.

유교의 사서삼경(四書三經)은 공자, 맹자 등 성현들의 언행을 문자화한 책이다. 이것은 중국인의 문자인 한자로 기록되었다. 불교의 경서는 석가모니와 그 제자들의 언행을 기록한 책인데, 이것은 인도인의 고자(古字)인 범자(梵字)로 기록되었다. 만약 문자가 없었다면 성현들의 언행은 후세에 전해지지 못했을 것이다.

이와 같이 문자는 동서고금을 막론하고 인간이 하느님의 말씀과 성현들의 언행을 들을 수 있게 하는 도구인 것이다. 그런데 우리 한글도 수많은 문자 중의 하나이다. 한글도 다른 문자들과 마찬가지로 말을 똑바로 사실대로 기록하기만 하면 된다.

그런데 나는 어찌하여 한글에다 성서적 의미를 부여하려고 하는 것인가? 이때까지 어느 한글학자도 하지 않은 것을 세계 어느 신학자도 언어학자도 하지 않은 일을 하려는 것인가? 이것은 순 억지가 아닌가? 이렇게 자문자답을 하면서 이 논문을 쓰는 것이다. 나는 이 논문이 한 상식인의 논문일 뿐이라는 것을 말해 둔다.

#2

말의 역사와 문자의 역사

말의 역사는 인간의 창조와 더불어 시작되었다. 인간의 창조에 관한 이야기는 기독교의 구약성서가 잘 말해 준다. 구약성서는 창세기, 출애굽기 등 모세오경과 이사야서, 다윗의 시편 등 모두 39권의 책으로 되어 있는데, 인간의 창조에 대한 이야기는 구약성서의 첫째 책 창세기에 있다.

창세기는 "태초에 하나님이 천지를 창조하시니라(창 1:1)."로 시작되었다. 그리고 여섯째 날에는 "하나님이 자기 형상 곧 하나님의 형상대로 사람을 창조하시되 남자와 여자를 창조하시고…(창 1:27)."라고 하셨다.

그때는 창조된 천지 만물 중에 오직 인간만이 말을 할 수 있는 존재였다. 오직 인간만이 하느님의 말씀을 알아들을 수 있고 대화할 수 있는 존재였다. 인간은 다른 인간끼리도 말을 서로 주고받을 수 있었다.

그때는 인간의 언어가 하나밖에 없었다. 창세기 기자는 "온 땅의 언어가 하나요 말이 하나였더라(창 11:1)."고 했다. 그러나 노아 홍수 이후 인구가 자꾸 늘어나고 사방으로 흩어져 도시를 많이 세우는 바람에 여러 가지 방언이 생겼기 때문에 서로 말을 알아들을 수 없게 되었던 것이다(창 11:7-9).

이와 같이 말의 역사는 인간의 창조 때부터 시작되었지만 문자의 역사는 고작 5, 6천 년밖에 안 된다. 유네스코(UNESCO)의 연구 조사에 따르면 세계의 언어는 약 8천 개가 있으나 문자는 약 2천5백 개밖에 안

된다. 그만큼 세계에는 문자 없는 민족이 5, 6천 개나 된다는 것이다.

그런데 그 문자들은 크게 나누어 뜻글자와 소리글자 두 종류로 나누어진다. 그리고 뜻글자는 상형문자(象形文字)와 표의문자(表意文字) 둘로 나누어지고, 소리글자(표음문자)는 음절문자(音節文字)와 음소문자(音素文字) 둘로 나누어진다.

뜻글자라는 것은 하나하나의 글자가 뜻을 가지고 있는 글자이다. 그 중 상형문자는 이집트문자와 중국의 고자(古字)와 같은 것인데, 그것은 글자의 모양이 곧 실물의 모양과 부합되는 것이며, 그 중 표의문자는 추상적 사상(事象) 즉 눈으로 보고 그림으로 그릴 수 없는 것을 어떤 부호로써 그 뜻을 나타내는 글자이다. 중국인의 한자에서 그런 문자를 많이 볼 수 있다.

한편 소리글자는 언어의 소리를 나타내는 글자이다. 하나하나의 글자에는 아무런 뜻이 없다. 언어가 지니고 있는 두 가지의 요소, 즉 발음과 뜻 중에서 발음만을 나타내는 글자이다. 그리고 소리글자 중의 하나인 음절문자는 한 글자가 한 음절을 나타내는 글자인데, 일본인들의 문자인 '가나' 와 '글안(契丹)' 문자가 그런 문자이다. 그리고 음소문자는 한 음절이 다시 닿소리와 홀소리로 분석되는 글자이다. 로마자와 그리스문자와 우리의 한글 등이 그런 문자이다.

음절문자와 음소문자가 다 같은 소리글자이지만 그 차이는 아주 크다. 예를 들어 일본의 '가나' 는 하나하나의 음절이 하나하나의 문자인 동시에 닿소리와 홀소리 두 문자로 분석이 되지 않는다. 가령 'カキクケコ' 의 경우 우리의 한글로는 '가 · 기 · 구 · 게 · 고' 가 되는데, 하나의 공통된 닿소리 'ㄱ' 과 'ㅏ · ㅣ · ㅜ · ㅔ · ㅗ' 등 다섯 개의 홀소리로 분석이 된다. 로마자에 있어서도 'KA · KI · KU · KE · KO' 등, 하나의 공통된 닿소리 'K' 와 'A · I · U · E · O' 등 다섯 개의 홀소리로 분석이 된다.

일본문자인 '가나'는 모두 50개이다. 이에 비해서 로마자 영어는 19개의 닿소리와 5개의 홀소리를 합하여 모두 24개밖에 안되며, 우리의 훈민정음은 17개의 닿소리와 11개의 홀소리, 모두 합하여 28개밖에 안 된다. 그러나 그 소리의 표현, 즉 그 표음력은 일본문자는 불과 3백 개인데 비하여 우리 한글은 무려 8천8백 개의 소리를 낼 수 있다는 것이다.[1] 로마자도 표음력에 있어서는 우리의 한글을 따를 수가 없다.

문자의 기원과 발전과정은 다음 5기로 나누어진다. 제1기는 기억동기시대, 제2기는 그림문자시대, 제3기는 상형문자시대, 제4기는 표의문자시대, 제5기는 표음문자시대 등 5기로 나누어진다.

제1기 기억동기시대는 기억을 더듬어서 의사소통을 하는 시기로서, 매듭이나 막대기 등을 서로 주고받으면서 의사소통을 하는 시기이다.

---

1) '한글날을 국경일로', 셋째 매, 이해찬 총리, 한글반포 558돌 기념식사, 2004, 20쪽.

제2기는 그림문자시대인데, 하나하나의 사물을 그림으로 표시하면서 의사소통을 하는 시기이다. 이것이 제4기인 표의문자시대 즉 뜻글자시대까지 발전된 것이다. 이와 같이 뜻글자는 오랜 시대를 거쳐서 서서히 발전되었던 것이다. 그 대표적인 글자가 곧 중국의 한자이다.

제5기의 표음문자는 표의문자보다 더 진보된 문자이다. 표음문자는 소리글자인데, 그 대표적인 글자가 곧 로마자와 우리의 한글이다. 로마자는 오늘날 전 세계를 지배할 정도로 그 세력을 떨치고 있다. 국력을 타고 온 지구촌에 널리 퍼지고 있다. 우리의 한글에게도 그런 날이 꼭 오리라고 나는 믿는다. 왜냐하면 한글은 로마자보다 훨씬 더 우수한 글자이기 때문이다.

#3

언어학적으로 본 한글의 우수성

한글은 첫째로 현존하는 세계의 문자 2천여 개 중 그 제작자와 생일이 분명한 문자이다. 위에서 말한 바와 같이 세계의 모든 문자는 많은 사람들에 의하여 또 여러 세기를 거쳐서 만들어졌다. 그러나 한글은 세종대왕이 음운 연구를 위하여 집현전 학자들을 명나라에 파송하는 등 시간이 조금 걸렸을 뿐 단시일 내에 창제되었던 것이다. 그리하여 세종대왕은 1443년에 훈민정음의 제작을 마치고, 1446년 10월 9일에 반포했던 것이다. 그러므로 한글은 세계 문자들 중 제일 나중에 또 제일 단시일 내에 창제된 문자이다. 그러므로 한글은 이를테면 임신 기간과 부모와 생일이 확실한 사람과 같은 존재인 것이다.

둘째로 한글의 우수성은 세종대왕의 훈민정음 반포문의 서문에서도 잘 나타나 있다.

> "우리나라의 말소리는 중국과 달라서 중국어를 적는 글자인 한자로써는 우리말을 적을 수 없다. 그러므로 우리 백성은 글자가 없어서 말하고자 하는 말이 있어도 자기의 뜻을 발표하지 못할 사람들이 많다. 내가 이 사정을 딱하게 여겨 새로 스물여덟 자를 만드니, 이것은 누구나 쉽게 익히고 일상 글자생활을 하는데 편의를 도모하려는 것이다."[2)]

여기서 우리는 한글은 단순히 말의 기록이나 의사소통이란 차원을 넘어서 인권과 자유, 민족과 독립을 위해 만들어졌다는 사실을 알 수 있다. 그러므로 한글은 다른 문자들과는 비교할 수도 없는 독특한 문자인 것이다.

---

2) 허웅 저, 『한글과 민족문화』, 세종대왕기념사업회, 1974, 61쪽.

셋째로, 한글은 가장 배우기 쉽고 쓰기 쉽고 가장 과학적인 문자이다. 이 점에 대해서는 긴 설명이 필요 없다. 다만 여기서는 한국을 찾아왔던 외국의 초대 선교사들의 증언만을 들어본다.

먼저 역사가이며 『한국천주교회사(韓國天主敎會史)』의 저자인 프랑스인 샤를르 달레(Claude Charles Dallet, 1829-1878)는 그의 저서의 머리말에서, 한국인의 글자는 알파벳과 같은 글자이므로 한국의 지명이나 인명을 이해하기에 아주 쉬운 글자라고 말한 다음,

> "한글은 무시당하고 업신여김을 받는다. 이 이상한 사실은 이 나라의 역사로 설명이 된다. 두 세기도 더 전부터 조선은 너무나 중국에 예속되어 와서 한문이 조선정부와 상류사회의 공용어가 되기에 이르렀다. 정부의 모든 관리는 보고서를 한문으로 써야 한다. 국왕과 왕국의 역대기 · 포고문 · 수령의 명령 · 재판소의 판결문 · 과학서류 · 비문 · 통신 · 상인들의 회계장부 · 상점의 간판 등 모든 것이 한자로 쓰여진다."[3]

라고 했던 것이다.

한편 개신교의 초대 선교사들은 입국하기 전에는, 한국 민족은 고유문자가 없는 민족인 줄로만 알았다. 그러나 직접 와서 보니 우수한 문자를 가진 문화민족이라는 사실을 알고 먼저 한국말 연구를 시작했다. 그 선교사들이 다름 아닌 스코틀랜드 출신의 존 로스(John Ross, 1841-1915) 목사와 존 매킨타이어(John McIntyre, 1837-?) 목사였다. 그들은 1897년에 『한국언어론(Notes in the Corean Language)』을 내었고, 『한국의 역사 · 상태 · 풍속(Corea, it's History, Manner and Custom)』을 내었다. 그들은 한글에 대하여 이렇게 표현했다.

> "한국인들이 사용하는 글자는 표음문자인데다가 매우 단순하고 아름다워서 누구나 쉽게 또 빨리 배울 수 있는 글자이다."[4]

---

3) 샤를르 달레 저,『한국천주교회사(韓國天主敎會史)』上, 안응렬, 최석우 공역, 135쪽.

4) John Ross, *The Christian Dawn in Corea*, Muckden, Manchuria, *The Korean Mission Field*, July 1937, p.135.

이와 같이 감탄을 하면서 존 로스 목사는 성서를 순 한글로 번역하기 시작했다. 그는 원문을 가지고 번역하고 그의 동역자 서상륜(徐相崙, 1848-1926)은 중국말 성서를 가지고 번역한 것을 서로 대조하면서 번역했던 것이다. 그리하여 그들은 드디어 1882년에 『누가복음서』를 출판, 1887년에 『예수셩교젼셔』라는 이름의 신약성서를 출판하는데 성공했던 것이다.

또 미국 출신의 선교사 헐버트(H. B. Hulbert, 1863-1945)는 선교사이기 전에 관립 육영공원(育英公院)의 교사였다. 그는 목사이기 전에 역사가, 언어학자였다. 그는 『한국 망국사(The Passing of Korea)』, 『한국사(History of Korea)』 등의 저자이며, 『사민필지(士民必知)』의 저자이다. 그는 한글의 우수성에 놀라,

> "그 말의 구조와 간결함과 그 글자의 표음력은 세계 어느 나라에서도 더 좋은 글자를 찾아볼 수 없다."[5]

---

5) H. B. Hulbert, *History of Korea*, Vol. I. p.307.

라고 감탄을 했던 것이다.

그가 쓴 『사민필지(士民必知)』는 세계의 역사, 지리, 풍속 등을 담은 책인데 이것은 한국 역사상 초유의 순 한글로 된 교과서이다. 이 책은 다만 육영공원만 아니라 배재학당 등 사립학교의 정 교과서로 사용되었다. 그는 한글의 우수성에 놀랐기 때문에 이러한 역사적 공헌을 할 수 있었던 것이다.

이와 같이 한글의 우수성은 초대 선교사들 때문에 전 세계에 알려지기 시작했다. 그리하여 유엔(UN) 기구인 유네스코(UNESCO)는 1997년에 훈민정음을 인류가 발견하거나 발전시킨 세계적 '기록문화유산'으로 지정했으며, 이보다 8년 전인 1989년에는 인류의 문맹퇴치를 위하여 '세종대왕 문맹퇴치상(King Sejong Literacy Prize)' 제도를 만들어서 문맹퇴치에 공이 많은 개인이나 나라에 해마다 상을 주고 있다.

세계의 저명한 언어학자들 중에도 한글의 우수성을

극찬하는 학자들이 많다. 가령,

> 미국 시카고대학의 세계적인 언어학자 맥콜로(McCawley) 교수는 20년 동안이나 한글날을 손수 기념하고 있었다. 필자(서정수 교수)와의 면담에서 그는 이렇게 말했다. "저는 세계 언어학계가 한글날을 찬양하고 공휴일로 기념하는 것은 아주 당연하고 당당한 일이라고 생각합니다. 그래서 저는 지난 20여 년 동안 해마다 한글날을 기념하고 있습니다. 동료 언어학자들과 학생들, 그리고 한글날에는 여러 가까운 친지들을 초대하여 갖가지 한국 음식을 차려 놓고 우리 모두의 한글날을 축하해 왔으며, 앞으로도 그렇게 할 것입니다."[6)]

라고 말했다.

또 우리의 음성학자 이현복 교수는 「한글은 우리의 국보 1호이며 인류의 자랑」이란 논문에서,

> "한글은 뛰어난 소리글자이다. …… 이 글자는

---

6) 서정수 교수의 논문, 「한글날을 국경일로 제정해야 할 이유」, 『우리의 소원은 한글날 국경일이요』, 셋째 매, 2004, 한소리, 140쪽.

소리 하나하나를 하나의 글자로 나타내는 것이다. 즉 닿소리와 홀소리로, ㄱ·ㄴ·ㅂ이나 ㅏ·ㅗ·ㅜ 같은 글자를 따로 따로 나타내는 것이다. …… 그러나 일본의 '가나' 문자는 음절 단위로 적기 때문에 음절을 분석적으로 분해할 수 없다. …… 한글은 발음기관을 상형한 세계 유일의 음성글자이다. …… 한글은 구조가 조직적이고 체계적이다. 그러나 로마자에는 이러한 특성이 없다. …… 한글은 만국 공통의 국제적 문자이다. …… 세계 어느 나라에도 글자를 기념하는 나라는 없다."[7)]

라고 했다.

또한 우리의 역사철학자 한태동 교수는 그의 저서 『世宗代의 音聲學』에서,

"이것(훈민정음)은 그때까지 없었고, 아직도 없는 '언어에 관한 언어'를 창작하는 작업으로서 언어 자체의 근본적인 성격을 규명하며 일반적인 구조를 밝힘과 동시에 보편적으로 쓰일 수

---

7) 이현복의 글, '한글날을 국경일로' 의 둘째 매, 2004, 한세본, 37쪽.

있는 틀을 만들어 준 것이다. 이 전무후무한 귀중한 문화의 유산은 어느 한 민족의 것이라기보다는 인류문화 전체에 공헌이며 역작이 됨을 아래에 적고자 한다."[8)]

라고 하면서 『世宗代의 音聲學』이라는 명저를 남겼다.

8) 한태동 저, 『世宗代의 音聲學』, 연세대학교출판부, 1998, 29쪽.

#4

한글, 인간의 형상과 하느님의 형상

신약성서에서 사도 요한은 "태초에 말씀이 계시니라 이 말씀이 하나님과 함께 계셨으니 이 말씀은 곧 하나님이시니라 그가 태초에 하나님과 함께 계셨고 만물이 그로 말미암아 지은 바 되었으니 지은 것이 하나도 그가 없이는 된 것이 없느니라(요 1:1-3)."고 했다. 이것은 '말씀'은 곧 하느님이요 예수님은 곧 '말씀'이란 뜻이다.

그리고 구약성서의 첫 번째 책 창세기도 '태초'라는 말로 시작되었다. 즉 "태초에 하나님이 천지를 창조하시니라(창 1:1)."고 했는데, 하느님은 천지만물을 '말씀' 으로 창조하셨다고 했다. 하느님이 빛이 있으라 말씀하시매 빛이 생겼고, 하늘과 땅이 있으라 말씀하시매 하늘과 땅이 생겼고, 또 온갖 생물이 있으라 말씀하시매 온갖 생물이 생겼다.

그런데 하느님은 오직 사람만을 독특한 존재로 창조하셨던 것이다. 즉 아담을 자기의 형상대로 창조하셨던 것이다(창 1:27). 그리고는 "생육하고 번성하여 땅에 충만하라 …… 땅에 움직이는 모든 생물을 다스리라(창 1:28)."고 하셨다. 그리고는 "동산 각종 나무의 열매는 네가 임의로 먹되 선악을 알게 하는 나무의 열매는 먹지 말라 네가 먹는 날에는 반드시 죽으리라(창 2:16-17)."라고 하셨다.

그렇다면 '하느님의 형상' 은 도대체 어떤 것인가? 하느님은 성부 · 성자 · 성령 삼위일체(三位一體)의 신이라 한다. 성부 · 성자 · 성령의 하느님은 위순(位順)은 각각 다르지만 본체는 하나이며, 위치(位置)는 각각 다르지만 본체는 하나이며, 위상(位相)은 각각 다르지만 본체는 하나라는 교회이다.

이 교회는 신약성서의 어느 사도나 구약성서의 어느 선지자가 말한 것이 아니다. 이 교회는 주후 약 5백년간 교회 지도자들이, 일반 신도들이 당시 유행되고 있던 만유신론, 추상적인 유신론에 현혹되지 않게 하기 위하여 만든 교회인 것이다. 기독교의 하느님은 생각도 없고 변화도 없는 그런 신이 아니다. 차별도 없고 일치도 없는 그런 신이 아니라 직책에는 종류가 있고 일에는 다양성이 있는 신이라는 교회인 것이다.

그렇다면 또 인간의 형상은 어떤 것인가? 인간의 형상도 하느님의 형상의 경우와 마찬가지로 신약성서의 어느 사도나, 구약성서의 어느 선지자가 말한 적은 없다. 그러나 사도 바울은 그것을 암시한 바 있다. 즉 그는 데살로니가 교회의 교우들에게 보낸 편지에서, "평강의 하나님이 친히 너희를 온전히 거룩하게 하시고 또 너희의 온 '영'과 '혼'과 '몸'이 우리 주 예수 그리스도께서 강림하실 때에 흠 없게 보전되기를 원하노라(살전 5:23)."했는데 여기서 우리는 인간의 형상을 찾아볼 수 있을 것이다.

물론 삼위일체 하느님의 형상 곧바로 인간의 형상 그 자체가 될 수는 없다. 그러나 상징적으로 대비할 수는 있지 않을까? 인간의 '영'은 '성부'의 형상이오, 인간의 '혼'은 '성령'의 형상이오, 인간의 '몸'은 '성자'의 형상이라 할 수 있지 않을까?

그렇다면 인간의 '영'은 무엇이며, '혼'은 무엇이며, '몸'은 무엇인가? 성서 신학자 나해운 교수에 의하면, '영'은 헬라어 πϒευμα(프뉴마)의 번역어인데, 영어의 spirit이며, '혼'은 헬라어 ψυχη(프슈게)의 번역어인데 영어의 soul이며, '몸'은 헬라어 σωμα(쏘-마)인데 영어의 body라는 것이다.

그런데 하느님이 성부·성자·성령 삼위일체(三位一體)의 신인 것처럼 인간은 영, 혼, 몸 삼상일체(三象一

體)의 신적 존재이다. 이 삼상(三象) 중 어느 것은 더 거룩하거나 덜 거룩하고, 어느 것은 더 선하거나 덜 선하고, 어느 것도 더 힘이 세거나 덜 힘이 센 존재는 아니다. 다 같은 비례로 거룩하고, 다 같은 비례로 선하고, 다 같은 비례로 힘이 센 신적인 존재이다. 다 같이 하느님에게서 받은바 하느님의 형상이다.

그런데 '혼'이 '성령'이 형상이라는 문제에 대해서는 약간의 추가 설명이 필요할 것이다. 헬라어 원어를 떠나서 한국어와 한자어로 풀이해보면, 우선 『우리말 큰사전』(한글학회 편)에서는 "'혼'은 '넋'이며, '넋'은 사람의 몸에 붙어 있으면서 또 목숨이 붙어 있게 하며, '몸'이 죽어도 영원히 남아있다고 생각하는 초자연적인 것"이라고 했다. 이것은 생명력 즉 초자연적인 힘이라는 뜻이다. 그리고 『한자어 신자전(新字典)』(六堂 崔南善 편)에 보면, 魂(혼)은 附氣之神之身一精(부기지신지신일정) 즉 '혼'은 기와 신의 몸에 붙어 있는 하나의 정기라고 했는데, 이것도 역시 '혼'은 초자연적인 힘의 뜻일 것이다.

그러고 보면 '혼' 이 '성령' 의 형상이라 해서 무리는 아닐 것이다. 왜냐하면 초대교회 교인들이 한 방에 모여 앉았을 때 "홀연히 하늘로부터 급하고 강한 바람 같은 소리가 있어 그들이 앉은 온 집에 가득하며(행 2:2)." 성령을 받아 가지고 방언을 하고 기사 이적을 행했기 때문이다. 방언을 하고 기사 이적을 행한 것은 초자연적인 힘없이는 불가능한 것이다. 그러므로 '혼' 은 '성령' 의 형상이라 할 수 있는 것이다.

교회가 아닌 YMCA도 Spirit(영), Mind(지), Body(체) 삼자(三者)의 정삼각형을 완전인간의 형상으로 본다. Spirit은 '영' 의 대명사이고, Mind는 '혼' 은 대명사이고, Body는 '몸' 의 대명사이다. 어떤 한글성서는 '혼' 을 '마음' 으로 번역한 성서도 있고, '지' 는 앎지자 지식(知識)의 知가 아니라 슬기지자 지혜(智慧)의 智이기 때문인 것이다. 슬기도 역시 초자연적인 힘이기 때문이다.

더 길게 말할 것 없이, 인간은 삼상일체(三象一體)의

신적 존재이다. 인간이 신적 존재라 함은 '영'과 '혼' 때문만이 아니다. '몸'도 '영'과 '혼' 등과 꼭 같은 비례로 하느님의 형상이기 때문이다. 일반 동물도 '몸'은 가지고 있지만 그 '몸'은 하느님의 형상이 아니다. 그것은 신적 존재라 할 수 없다. 그러므로 우리 그리스도인들은 신앙고백을 할 때 "…성령을 믿사오며 … 몸이 다시 사는 것과 영원히 사는 것을 믿사옵나이다(사도신경)."라고 고백하는 것이다.

한글은 인간의 발음기관을 본 따서 만들어진 문자이다. 다른 문자들과는 근본적으로 다르다. 한글은 하느님의 형상대로 만들어진 인간, 즉 인간의 발음기관을 본 따서 만들어진 문자이기 때문에 '몸'과 마찬가지로 신적 존재라 할 수 있다.

인간의 '몸'은 몸통과 머리통으로 구성되어 있다. 오장육부는 몸통에 들어 있고, 이목구비는 머리통에 들어 있다.

그런데 발음 즉 말소리는 몸통에 들어 있던 폐 속의 바람이 목구멍을 통해 나오다가 머리통에 붙어 있는 입 · 입 속의 혀 · 이 · 입술 · 입천장 · 코 등에 부딪치면서 생기는 소리다. 그런데 성서에는 '소리' 라는 말이 많이 나온다. 그리고 '소리' 와 관계된 '바람' · '숨' · '입' · '혀' · '방언' · '코' · '기운' · '입김' 등의 말도 많이 나온다. 가령 "하늘로부터 '소리' 가 있어 말씀하시되 이는 내 사랑하는 아들이요 내 기뻐하는 자라 하시니라(마 3:17)", 또 "홀연히 하늘로부터 급하고 강한 '바람' 같은 '소리' 가 있어 그들이 앉은 온 집에 가득하여 마치 불의 '혀' 처럼 갈라지는 것들이…(행 2:2-3)", 또 "여호와 하나님이 땅의 흙으로 사람을 지으시고 생기를 그 '코' 에 불어넣으시니 사람이 생령이 되니라(창 2:7)." 고 하셨는데, 이 성구를 천주교와의 공동번역 성서에서는 "야훼 하느님께서 진흙으로 사람을 빚어 만드시고 '코' 에 '입김' 을 불어넣으시니, 사람이 되어 '숨' 을 쉬었다." 고 했다.

한글학자 허웅 교수는 일찍이 훈민정음 원본을 다음

과 같이 쉬운 한글로 번역한 바 있다.

"ㄱ은 어금니소리니, 君자의 처음 나는 소리(첫소리: 초성)와 같다. 나란히 쓰면 '叫'자의 처음 나는 소리와 같다(ㄱ牙音 如君字初發聲 竝書如叫字初發聲). ㄱ소리는 '君'자의 처음에서 나는 소리라 하며, ㄱ글자의 소리를 일깨워 주고 있다.

이런 식으로 초성 17글자와 'ㄱ·ㄷ·ㅂ·ㅈ·ㅅ·ㅎ'을 나란히 쓴 'ㄲ·ㄸ·ㅃ·ㅉ·ㅆ·ㆅ'의 소리를 설명했는데, 이 소리들은 그 나는 자리에 따라, 크게는 다섯, 작게는 일곱 가지로 나누어져 있다.

'ㄱ·ㅋ·ㆁ'는 어금니 근처를 막고 내는 소리이므로 어금니소리(牙音)이라 하고 'ㄷ·ㅌ·ㄴ'은 혀끝으로 내는 소리이므로 혓소리(舌音)라 하고, 'ㅂ·ㅍ·ㅁ'은 입술에서 나는 소리이므로 입술소리(脣音)라 하고, 'ㅈ·ㅊ·ㅅ'은 웃니 근처에서 나는 소리이므로 잇소리(齒音)라 하고, 'ㆆ·ㅎ·ㅇ'은 목에서 나는 소리이므로 목소리(喉音)라 부른다.

그리고 'ㄹ'은 'ㄷ·ㅌ·ㄴ'과 같은 자리에서 나되 혀끝이 완전히 폐쇄가 되지 않은 점이 ㄷ

> 따위와 다르므로 반혓소리(半舌音)라 했으며, ㅿ은 'ㅅ·ㅈ·ㅊ'과 같은 자리에서 나되 그 성질이 조금 다르다 해서 반잇소리(半齒音)라 했다.
>
> 이리하여 초성은 다섯 가지 또는 일곱 가지 소리로 나누어져 있다. 어금니소리 ㄱ·ㅋ·ㆁ / 혓소리 ㄷ·ㅌ·ㄴ / (반혓소리) ㄹ / 입술소리 ㅂ·ㅍ·ㅁ / 잇소리 ㅈ·ㅊ·ㅅ (반잇소리) ㅿ / 목소리 ㆆ·ㅎ·ㅇ
>
> 중성은 '·ㅡㅣㅗㅏㅜㅓㅛㅑㅠㅕ'의 열하나인데, 이에 대해서는 '·'는 'ᄐᆞᆫ'자 가운잇소리와 같다."[9]

라고 했던 것이다.

이상은 허웅 교수가 1940년 안동에서 발견된 '훈민정음'의 원문을 한글로 번역했을 뿐만 아니라 발음이 될 때의 입·혀·입술 등의 모습을 그림으로 그리면서 설명한 것이다. 그러나 우리의 역사철학자 한태동 교수는 한 발 더 나아가 인체의 해부학적 분석과 컴퓨터

---

9) 허웅 저, 『한글과 민족문화』, 세종대왕기념사업회, 1974, 68–69쪽.

등 첨단기계로 발음기관의 변화되는 모습과 장면을 포착하여 사진으로 찍어 보이면서 설명했다.

> "목소리는 폐에서 압축된 공기가 기관을 통과하여 나오면서 기관의 벽을 진동시키는 데서 시작된다. 기관의 벽은 연한 섬유와 세포로 이루어진 흐물한 막으로, 압축된 공기가 통과할 때 마치 바람이 수면에 불어 파문을 형성하듯이 파상적으로 떨리기 시작한다. 기압이 성대 쪽으로 올라가면서 떨림의 빈도가 점점 높아져 약 10Hz에서 30Hz 정도를 이루게 된다. 다시 말해서 음성은 신경 근육 회로의 작용으로 시작되는 것이 아니고, 폐기압(肺氣壓)이 기관으로 이동되는 도중에 생겨나는 물리적 부수작용임을 지적하고 있다."[10]

라고 했다.

그리고 그는 또 계속하여 사람의 발음기관을 다음과 같이 분석했다.

---

10) 한태동 저, 『世宗代의 音聲學』, 연세대학출판부, 1998, 17쪽.

"사람의 신체 내에는 많은 강(腔) 동(胴)과 관(管)이 있다. 그 중에 소리와 관계되는 것으로는 흉곽(胸廓), 기관지(氣管支), 인(咽), 후(喉), 구(口), 비(鼻), 상악동(上顎胴, Maxillary Sinus), 선형동(蟬形胴, Spenoid Sinus), 그리고 전위동(前位胴, Frontal Sinus) 등이 있다. 이 많은 동(胴) 강(腔), 관(管)들은 제각기 그 강(腔)의 내부체적(內部體積)의 길이에 따라 자체의 기본 진동빈도 Wo를 갖고 있다."[11]

라고 했다. 이처럼 그는 사람의 발음기관을 해부학적으로 분석하고, 그것을 또 컴퓨터 등 첨단기계를 촬영하여 보이면서 설명했던 것이다.

이상의 발음기관은 사람의 몸 전체는 아니다. 그 일부에 불과하다. 그러나 그것은 몸 가운데서 가장 충분한 부분인 것만은 사실이다. 발음기관이라기보다 발언(發言)기관이라고 함이 더 적절할 것이다. 왜냐하면 하느님이 곧 '말씀'인 것처럼 사람은 곧 '말'이기 때문이다. 동물에게도 소리를 내는 발음기관은 있지만

---

11) 위 한태동, 24쪽.

발언(發言)기관은 없다. 오직 사람만이 발언기관을 가지고 있다. "하나님의 말씀을 받은 사람들을 신이라 하셨(요 10:35)"기 때문이다. 그러므로 인간의 형상대로 만들어진 한글은 신적 존재일 수 있다. 사람이 만든 건축물을 신전(神殿), 신당(神堂), 신사(神社)라고 하거늘, 신적 존재인 인간의 형상대로 만들어진 한글은 신적 문자라고 해서 무슨 무리가 있겠는가?

#5
맺음말

위에서 말한 바와 같이 사도 바울은 요한복음 1장 1절에서, 말씀은 곧 하느님이요, 예수님은 곧 말씀이라 했다. 그리고 4절에서는 "그 안에 '생명'이 있었으니 이 '생명'은 사람들의 '빛'이라" 했다.

그런데 한글학자 주시경(1876-1914)은 "말은 인간의 사상을 담는 그릇이오, 글은 그 사상을 기록하는 기호"[12]라고 했다. 이 말을 바꾸어서 말하면 말은 즉 인간의 사상을 담는 그릇이오, 문자는 그 말을 닮는 기

12) 허웅 저, 『우리말과 글에 쏟아진 사랑』, 신선인쇄소, 1979, 319쪽

계라는 뜻이다. 다시 말해서 말은 생명수와 같은 것이고, 또 보석과 같은 것인데, 좋은 문자가 있어야 그 생명수를 잘 보존할 수 있고, 좋은 문자가 있어야 그 보석을 잘 빛낼 수 있다는 말이다.

한글성서는 1882년부터 1910년 사이에 번역되었다. 신약성서는 1887년에, 구약성서는 1910년에 출판되었다. 그 뒤 여러 가지의 성서가 출판되었지만 '말씀' 이라는 말은 어디서나 '말씀' 이었다. '몸' 이라는 말도 마찬가지로 어디서나 '몸' 이었다. '몸' 은 한자말로는 身, 身體이지만 한글성서에서는 거의 어디서나 '몸' 이라 했다.

신체발부(身體髮膚)는 수지부모(受之父母)니 불감훼손(不敢毁損)이 효지시야(孝之始也)라는 말이 있다. 동양 성현들의 말이다. 우리의 '몸' 은 부모에게서 받은 것이므로 잘 보존하는 것이 효도의 시초라는 뜻이다.

그런데 성서는 우리의 '몸'은 하느님께서 받은 것이므로 그것을 거룩하게 또 흠 없게 잘 지켜야 구원을 받을 수 있다고 했다. 즉 사도 바울은 "너희 몸은 너희가 하나님께로부터 받은 바 너희 가운데 계신 성령의 전인 줄을 알지 못하느냐(고전 6:19)." 했으며, 또 그는 "너희 몸이 그리스도의 지체인 줄을 알지 못하느냐(고전 6:15)." 했으며, 또 그는 "너희 지체를 불의의 무기로 죄에게 내주지 말고 오직 너희 자신을 죽은 자 가운데서 다시 살아난 자 같이 하나님께 드리며 너희 지체를 의의 무기로 하나님께 드리라(롬 6:13)."했던 것이다.

그런데 한글은 그 '몸'의 형상대로 만들어진 신적 문자이다. 그리고 한글의 '한'은 한자(漢字)에서 유래된 말이 아니다. '한'은 순 우리의 토박이말이다. 한글의 '한'은 '한길'·'한울'·'한숨'의 한이다. 또 '한울(하늘)'의 '한'이오, '한가운데'·'한복판'의 '한'이오, '한옛날'·'하나'의 '한'이다. 우리 대한민국의 韓도 따지고 보면 '한'의 한자(漢字)말 표기에 불과하다는 것을 알아야 할 것이다. 이와 같이 한글은 그 문자의 이름부터가 신기하다. 그러므로 한글은 신적 문자인 것이 분명하다.

'한글' 이란 말을 제일 먼저 쓰기 시작한 사람은 주시경이다. 그는 자신의 아호까지도 '한' 을 붙여서 '한힌샘' 이라 했다. 대한성서공회의 집계에 따르면, 1882년부터 2004년까지 신약성서가 모두 60,549,625권이 팔렸으며, 신구약전서는 33,761,904권이 팔렸다고 한다.[13] 다른 나라 성서 반포량에 비한다면 엄청난 반포량이다. 기독교가 가장 늦게 전파되었고, 성서 번역이 가장 짧은 기간에 이루어진 한글성서가 이처럼 많이 반포된 것은 기적이 아닐 수 없다. 이 기적은 우리말 성서가 한글로 되었기 때문이 아닐까? "새 포도주는 새 부대에 넣어야(마 9:17)"하는 것처럼 우리말 성서는 신적 문자인 한글로 번역되었기 때문이 아닐까?

---

13) 대한성서공회, 2004년도 사업보고, 국내성서반포현황보고.

한글에다 성서적 의미를 부여하는 사람은 아직까지 찾아보기 어렵다. 그러나 나는 감히 한글의 성서적 의미를 주장한다. 이것은 순 억지라, 일고의 가치도 없는 주장이라고만 하지 말고 학계의 진지한 검토가 있기를 바란다. 신학자와 언어학자들의 평가와 지도 편달이 절실히 요구된다 하겠다.

2005년 구의동 서실에서

우리말 성서가
한국사회에 끼친 영향

#1
머리말

본론에 들어가기에 앞서, 우리는 먼저 우리말 성서가 나오게 된 때와 경위와 성서의 종류를 짚고 넘어갈 필요가 있으며, 다음에는 그 성서가 어느 시대와 어떤 사회에 대하여 영향을 끼쳤는가를 살펴보아야 할 것이다.

우리말 성서는 크게 둘로 나누어서 천주교 측과 개신교 측 성서 번역으로 볼 수 있다. 다시 말해서, 천주교 측에서는 1790년대 초에 최창현(崔昌顯) 등 몇몇 평신도들이 『성경직히(聖經直解)』 등 성서의 일부를 번역해 내었고, 개신교 측에서는 1882년부터 만주에서 『예수셩교 누가복음젼셔』를 내기 시작하여 1887년에는 신약전서를 완역 출간하기에 이르렀고, 1911년에는 구약전서를 완역 출간하게 되었다. 이에 비하여 천주교 측에서는 1910년에 『ᄉᆞᄉᆞ셩경』이란 이름으로 4복음서를 완역 출간했을 뿐이다.

이와 같이 우리말 성서의 출간 연대는 1790년대부터 1910년 전후에 이르는 약 120년간에 속한다. 그러므로 우리가 다루어야 할 문제는 우리말 성서가 19세기 100년간의 한국사회와 20세기 초엽에 있어서 그 사회에 대하여 어떠한 영향을 끼쳤는가 하는 것이 될 수밖에 없다. 따라서 그 끼친바 영향은 당시의 정치, 경제제도를 비롯하여 우리의 풍속, 종교, 신분, 언어 등 모든 분야에 이른 것이지만, 여기서는 제한된 지면 관계로 그 범위를 좁혀서 대표적인 것만을 골라 다룰 수밖에 없다는 것을 말해 둔다.

#2

천주교의 경우

초대 천주교의 유일한 우리말 성서라고 말할 수 있는 『성경직희』는 엄밀한 의미에서 신약성서의 전부가 아니다. 그것은 4복음성서의 30.68%의 말씀을 번역한 것이다.[1] 그러나 거기에는 4복음서의 성구 외에 다음 네 가지 내용이 실려 있다.

(1) 성경본문과 주해, 즉 교회력에 따른 매 주일과 축일에 필요한 성경구절을 주해식으로 설명한 것.

---

1) 조화선, '성경직히 의 연구', 『최석우 신부 회갑 기념 한국 교회사 논총』, 한국교회사연구소, 1982, 261쪽.

(2) 잠(箴)이라 해서 그 날 성서 중에서 몇 구절을 골라 일상생활과 결부시켜 설명한 것.
(3) 의행지덕(宜行之德)이라 해서 그 날의 성서를 읽고 난 뒤에 마땅히 실행해야 할 덕목을 설명한 것.
(4) 당무지구(當務之求)라 해서 성서의 가르침대로 마땅히 힘써 행해야할 기도문을 적은 것 등이 덧붙여져 있기 때문에 그 내용과 책 부피는 방대한 것이다. 또한 그 문장은 세련된 것일 뿐 아니라 남녀노소 · 상하귀천 누구나가 읽을 수 있도록 되어 있기 때문에 그 영향력은 엄청난 것이었다.

이제 그 끼친바 영향을 간추려 보면, 첫째로 일반 학문계에 새로운 바람을 일으켰다. 소위 서학점성(西學漸盛)의 물결을 타고 전래된 여러 가지 천주교 서적은 국내에서 서구의 과학 · 기술 · 실용 · 실증 · 자유주의 사상 연구와 아울러 실학(實學) 운동에 새 바람을 불어넣었으며, 그 중 『천주실의(天主實義)』 같은 교리서는 한글로 번역까지 되어 그 필사본이 일반 국민의 안방에까지 숨어들게 되었다. 그리고 한글판 천주실의라고 말할 수 있는 정약종(丁若鍾)의 『주교요지(主教要旨)』는 비록 한글 번역 성서는 아니지만 "인심이 스스로 천주 계신 줄을 아나니라… 질통 고난을 당하면 앙천 축수하여 면하기를 바라고, 번개와 우뢰를 만나면 자기 죄악을 생각하고 마음이 놀랍고 송구하니, 만일 천상에 임자 아니 계시면 어찌 사람마다 마음이 이러하리오…" 식으로 시작되었으므로 이 책은 서구철학을 야만시했던 국내 유학자들의 고정관념과 폐쇄성을 깨뜨리게 했으며, 이러한 천주교 교리서를 읽어 보지 못한 선비는 학문계에서 업신여김까지 당했던 것이다.[2)]

둘째로 일반 국민에게 평등사상을 불어넣어 주었다. 때문에 천주교 신앙은 하나의 소리 없는 사회혁명의 구실을 하게 되었다. 당시 한국사회는 엄격한 신분(身分) 사회였다. 조선왕조 사회는 불평등한 사회구성의 원리에 따라, 사람들이 양반, 중인, 상인, 천인 및 사농공상의 4계급과 백장, 광대 같은 소위 7천역(賤役)

---

2) 박종홍, '서구 사상의 도입 비판과 섭취', 『실학 사상의 탐구』, 현암사, 1974, 175쪽.

이라는 등의 계급으로 나누어져 있었다. 삼강오륜에 있어서도 부자유친(父子有親)은 있으나 모자유친(母子有親)이나 부녀유친(父女有親)은 거론조차 되지 않았으며, 부부관계에 있어서도 남편은 아내에게 대하여 권리만 있고 의무는 없는 반면 아내는 남편에게 대하여 의무만 있고 아무런 권리가 없었다.

이러한 사회에서 성서는 가르치기를, 모든 사람은 하느님의 형상대로 창조된 똑같은 인간이라 했으며, 사람을 사랑할 때에 신분이나 재능이나 인물이 뛰어났다 하여 사랑할 것이 아니라, 아무리 무식하고 천하고 병신으로 태어났다 하더라도 하느님의 똑같은 자녀이기 때문에 사랑하고 똑같은 인간 대접을 받아야 한다는 것이었다. 그래서 초대교회의 천주교 공동체는 모든 신분이나 계급을 초월한 평등한 신앙공동체를 이루었다. 예를 들어 백장 출신의 황일광(黃日光, 1756-1802)은 그의 신분 탓으로 온갖 수모와 천대를 받고 살았다. 그러나 그가 신자가 된 뒤부터는 교우들의 사랑으로 양반집 안방에까지 들어가 같이 앉아 종교의식에 참석할 수 있었다. 그리하여 그는 너무 감격한 나머지 "나에게는 천당이 둘이 있는데 하나는 네 자신의 신분에 비하여 지나친 대우를 받기 때문에 지상(地上)에 있는 것이고, 다른 하나는 내세(來世)에 있다"고 말했던 것이다.[3)]

또한 1801년 순교한 신태보(申太甫, 1768-1839)는 말하기를 "천주교에는 대인(大人)도 소인(小人)도 없으며, 양반도 상놈도 없다."[4)]고 당당히 자기의 신앙을 고백했던 것이다. 그러므로 천주교 신자들이 처형을 당할 때의 제일 큰 죄목의 하나가 다름 아닌 무론남녀노소(無論男女老少) · 동취일처(同取一處) · 귀천이등위불별(貴賤而等威不別) · 무군신부자지윤(無君臣父子之倫) · 오남녀부부지별(汚男女夫婦之別) · 송요서이남녀혼처(誦妖書而男女混處) · 남녀잡중일야송습(男女雜衆日夜誦習) 같은 당시 신분계급 · 남녀유별 사상에 위배되는 것들이었다.[5)]

---

3) 조광, '복음의 전래와 평등의 실천', 「성서와 함께」 103호(1984.10), 17쪽.
4) 위 같은 데.
5) 이능화, 『조선 기독교급 외교사』, 조선 기독교 창문사, 1928, 145-146쪽의 '사학죄인 강완숙 등 결안 및 대왕대비제처' 부분 참조.

셋째로 여성 해방과 여성의 사회진출에 이바지한바 컸다. 이 문제에 대해서는 극히 제한된 분야만을 다룰 수밖에 없는데, 초창기 천주교 여성들은 유학이념(儒學理念)의 여사서(女四書)나 여범(女範) 같은 유교 서적 외에 기독교의 새로운 여성 교과서가 있다는 것을 알게 되었다. 특히 천주교 창설자의 한 사람인 이벽(李檗, 1754-1786)의 부인 유한당(兪閑堂) 안동(安東) 권(權) 씨는[6] 『성경직히』만 아니라 『천주실의(天主實義)』나 『칠극(七克)』 같은 천주교 이해의 고전이라 할 수 있는 교리서를 토대로 하여 천주교 여성들의 가정용 교과서를 저술했다. 즉 권씨 부인이 한글로 쓴 『언행실록(言行實錄)』과 그녀의 『언역정사(諺譯精寫)』 같은 책이 1780년을 전후하여 천주교 여성계에 널리 퍼지게 되었다.[7] 그럼으로써 종래의 축첩제도에 대한 비판 의식과 더불어 일부일처(一夫一妻)의 결혼관을 수립하는 데 결정적인 구실을 했다. 그리고 천주교 초대 여회장(女會長) 강완숙(姜完淑, 1760-1801)은 양반가

6) 김옥희, '이루갈다의 옥중서한과 그 사적 의의', 『최석우 신부 회갑 기념 한국 교회사 논총』, 한국교회사연구, 1982, 149쪽에 유한당 권씨 부인의 가계가 씌어져 있다.
7) 위 같은 책, 152-153쪽.

의 과부로서 주문모(周文謨, 1752-1801) 신부를 자기 집 장작광 속에 숨겨 두고 침식과 일상 생활용품을 대어줄 뿐만 아니라, 미사 · 지방 순회 등 선교 활동까지를 도와주게 되었다. 한편 그녀는 자신의 집에서 삯바느질을 하는 두 과부 김순이(金順伊)와 김월임(金月任), 하녀 소명(小明)과 정임(丁任), 머슴 김흥년(金興年) 등이 다 신자가 되게 했다. 그 밖의 이웃집 과부, 서자, 종, 청지기 등 많은 사람들도 믿음을 갖게 할 뿐만 아니라 자기 집에서 한 달에 여섯 차례 또는 열 차례씩 남녀공동으로 미사와 송경(誦經) 등 신앙 집회를 계속했다.[8]

아깝게도 강완숙은 주문모 신부를 감춰 주었다는 죄목으로 신유박해(辛酉迫害, 1801) 때 순교했으나, 이때부터 여필종부(女必從夫)나 삼종지덕(三從之德)이나 칠거지악(七去之惡)과 같은 남존여비의 악법이 무너지기 시작했다. 기해박해(己亥迫害, 1839) 때에는 여성 순교자가 47명이나 되어서 순교복자 79명의 반

8) 송화숙, '조선 후기의 천주교 여성 활동과 여성관의 발전', 『최석우 신부 회갑 기념 한국 교회사 논총』, 한국교회사연구소, 1982, 208쪽.

을 넘게 되었다.[9] 그리하여 1984년 천주교 창설 200주년 기념 때 성인으로 시성된 103인 중에도 여성의 수가 수위를 차지하고 있다. 47명의 여신도는 과부 16명, 부인 16명, 동정녀 13명, 궁녀 2명으로 분석되는데, 이러한 여성 분포는 여성 사회 진출의 강도를 의미한다고 할 수 있다.

---

9) 이원순, 『한국천주교회사』, 탐구당, 1970, 113쪽.

#3
개신교의 경우

위에서도 잠깐 언급한 바와 같이 개신교는 교리서보다 성서를 통해서 시작된 만큼 그 영향은 더욱 보편적이고 강력한 것이었다.

첫째로 한글문화의 기초를 다졌다. 하나의 예로써, 1884년에 개신교 최초의 크리스천 공동체, 즉 소래교회가 황해도 장연군 소래마을에 형성되었다. 그 주동인물은 서상륜(徐相崙, 1848-1926)이었다. 그는 만주에서 번역 · 출간한 한글성서 즉 쪽복음서를 가지고 이 마을에 숨어들었다. 그 때는 아직 국내에 외국인

선교사가 입국하지 못한 때였다. 그의 전도로 신자가 된 그 마을 사람 중에 김윤방(金允邦)이란 양반 출신의 신자가 있었다. 그의 8남매가 모두 다 신자가 되었고 100간짜리 대가에 사는 40-50명의 종과 하인들이 모두 신자가 되었다. 이와 동시에 노예해방이 구현되었다. 그들은 한글을 깨치고 성서를 읽게 되었다. 그 여종 중의 하나는 정신여학교를 나와 목사의 아내가 되기도 했다.[10]

예배당도 1895년에 새로 짓게 되었는데, 그 예배당이 곧 학교였고, 학교가 곧 예배당이 되었다. 학교는 남녀공학이었는데 한문 공부는 전혀 하지 않고 한글로만 공부를 하게 되었다. 그리하여 그 학교의 학생이었던 전 세브란스병원장 김명선(金鳴善, 1897-1982) 박사는 일반 서당에서는 아이들이 한문만 배우고 있다는 사실조차 모르고 자랐다는 것이며, 작고할 때까지 한문은 전혀 쓰지 않을 뿐 아니라 잘 모르기도 했던

---

10) 김윤방 일가에 대하여는 본인이 쓴 '소래마을과 기독교와 김마리아 일가', 『나라사랑』 제30집, 정음사, 1978, 88-89쪽, 98-99쪽.

것이다. 이 학교 출신 중 저명인사 몇을 손꼽아보면, 3·1독립투사이며 대한애국부인회 회장이었던 김마리아(1891-1944), 상해임시정부 영수 셋 중의 한 분이었던 김규식 박사의 부인 김순애(金淳愛, 1889-1976), 한국YWCA 창설자이며 정신여고 교장과 이사장이었던 김필례(金弼禮, 1891-1983), 현 서울여대 명예학장 고황경 박사의 어머니 김세라, 한국 NCC 총무였던 남궁혁(南宮爀) 박사의 부인 김함라(金咸羅, 1877-?), 상해임시정부 시대의 신한청년당(新韓靑年黨) 당수였던 서병호(徐丙浩, 1885-1972) 등이 모두 한글문화의 선구자가 되었으며, 이것은 오로지 우리말 성서의 영향 때문이었다.[11]

둘째로 민주화 시대의 새 장을 열었다. 위에서 이미 말한 바와 같이 인권마저 박탈당한 채 살아오던 백장들이 천주교 시대에 있어서는 크리스천 공동체 안에서만 동등한 대우를 받게 되었으나, 개신교 시대에 있어서는 백장들이 완전히 해방되어 법적으로 평등한

---

11) 소래교회 학교 출신에 대해서도 위 같은 데 참조.

공민권을 얻게 되었다. 다시 말해서 1895년 백장 박성춘(朴成春) 등 예수를 믿는 서울 관자골의 백장들이 고종(高宗)에게 백장해방의 탄원서를 제출한 결과 정식 윤허를 받았다.[12] 박성춘은 백장 대표로 독립협회 운동에 참가하여 1898년 만민공동회가 정부에 대하여 소위 헌의육조(獻議六條)의 결의안을 채택할 때 "나는 대한의 가장 천한 사람이고 무지몰각합니다. 그러나 충국애국의 뜻은 대강 알고 있읍니다…"[13]라는 취지의 개막연설을 함으로써 만장의 박수갈채를 받았다. 그는 승동교회의 창설자로서 1911년 초대장로가 되었다.

한편 개신교 출신 지도자들은 「가뎡잡지」라는 한국 최초의 월간잡지를 창간하는 동시에, 겨레의 민주화라는 목적하에 그 창간호에다 '부부의 십계명'을 발표하였다. 감리교 상동교회의 전덕기(全德基, 1875-

12) S. F. Moore, 'The Butchers of Korea', *The Korean Repository* Vol. 5, Jan.-Dec., 1898, pp, 127-128, 그리고 본인의 '백장해방운동의 지도자, 무어(S. F. Moore)', 『이 땅에 묻히리라, 양화진 외인 열전』, 홍성사, 1986, 186-212쪽.

13) 『대한계년사』 상권, 282쪽, "此漢乃大韓至賤之人而無知沒覺 然略知忠君愛國之意…" 등등.

1914) 목사를 비롯하여 유성준(俞星濬, 1860-1934), 주시경(周時經, 1876-1914), 양기탁(梁起鐸, 1871-1938), 장지연(張志淵, 1864-1921), 이준(李儁, 1858-1907), 이동휘(李東輝, 1873-1935) 등[14] 당시의 대표적인 교회지도자 · 독립운동가 · 한글학자 · 교육가 · 언론가 등이 한데 뭉쳐 '부부의 십계명'을 발표했는데, 이것은 하나의 고요한 민주 혁명이었으며, 한국 최초의 가정 헌장의 선포였다.

이 잡지 중의 몇 대목을 인용하면 "가뎡이 정돈된 후에야 국가가 졍돈되고, 국가가 졍돈된 후에야 세계가 졍돈되나니 이럼으로 가뎡이란 것은 진실로 그 범위가 지극히 광대하도다"[15]하여 가정을 국가 사회의 기본 단위로 삼은 것이라든지, "ᄇᆞᆰ은 나라에 녀인은 곳 세계 인종의 어미요 가뎡 학업의 근원이라 ᄒᆞ여 녀ᄌᆞ 교육을 남ᄌᆞ보다 더 힘써 녀ᄌᆞ도 일톄로 나라를 사랑

---

14) 가뎡잡지사의 사장은 유성준, 총무겸 편집은 류일션, 교보원은 쥬시경 · 김병헌, 회계는 유진ᄐᆡᆨ · 젼덕긔, 찬셩원은 장지연 · 량긔탁 · 리쥰 등 15명이고, 통신원 즉 각 지방의 지사장은 평양 · 개성을 비롯한 11개 도시와 일본 · 미국 · 하와이 등 외국에까지 있게 하여 리동휘 · 박용만 등 망명 독립운동가들이 모두 망라되어 있었다. 「가뎡잡지」 제3호의 광고란 참조.

15) 류일션, '가뎡잡지 취지셔', 「가뎡잡지」 창간호, 1쪽.

ᄒᆞ는 셩심이 뇌슈에 가득ᄒᆞᆫ ᄭᅡ닭이라… 가뎡의 셩쇠는 젼혀 부인에게 달린 것이라…”[16]하여 여성 존중의 사상을 토대로 하여 부부의 십계명이 선포되었다는 사실을 중요시하지 않을 수 없다. 물론 ‘부부의 십계명’이란 말은 구약성서의 ‘십계명’에서 따온 말이다. 그리고 이 구약성서의 십계명이 1215년의 저 유명한 영국의 마그나 카르타(Magna Charta) 즉 대헌장(大憲章)으로 발전되었으며, 이것이 곧 자유민주주의의 기초가 되었다는 사실을 상기할 때 이 ‘부부의 십계명’이야말로 한국 민주주의 발전에 중대한 사건이었다는 사실을 느끼지 않을 수 없다.

---

16) 량긔탁, ‘가뎡 교육론’, 「가뎡잡지」 제2호, 7쪽.

#4

맺음말

한국 그리스도인들은 서구 자유주의 학문의 개척과 평등사상 구현, 자유민주주의 사회의 수립과 새문화 창조에 있어서 앞장 서 온 것이 사실이다. 가령 1500년의 역사를 가진 불교나 유교가 이때껏 그 경서를 완역하지 못한 채 문화생활을 하고 있는 데 비하여, 우리 그리스도인들은 복음서를 받은 지 불과 30년 안팎에 신구약성서 전부를 완역 출간했던 것이다. 이와 같이 우리 겨레가 우리말과 우리글로써 국민생활을 해보기는 이것이 역사상 처음이었다. 그리고 1933년 '한글맞춤법 통일안' 이 나오고 1936년 '표준말' 이 제정될 때만 해도 그 주동 인물이 거의 다 그리스도인들이었다. 이 두 사업이 이룩됨으로 해서 8 · 15 해방 후 순 우리말 우리글로 교과서를 꾸밀 수가 있었으며, 그럼으로써 자주 민주 한국의 앞날을 기할 수 있었다.

그러나 오늘날 한국 그리스도인들의 실상은 어떤가? 개신교만 해도 일반 사회에 뒤떨어졌기 때문에 신구약성서를 1952-1956년에 가서야 겨우 '한글맞춤법 통일안'에 준하여 한글판 성서를 낼 수 있었던 것이다. 이러한 뒤떨어진 현상은 비단 언어와 문자 생활면에서만이 아니다. 정치, 경제, 문화 모든 면에서 볼 수 있다는 사실을 우리는 심각한 문제로 받아들여야 될 것이다.

(「성서와 함께」 1986년 12월호)

토박이말로 번역된 최초의 한글성서

한국에 복음을 전하기 위하여 스코틀랜드 성서공회의 파송을 받아 만주에 와 있던 선교사들이 있었다. 로스(John Ross 羅約翰, 1841-1915) 목사와 매킨타이어(John McIntyre 馬勤泰, 1837-?) 목사이다. 로스 목사는 1872년에 왔고, 매킨타이어 목사는 한 해 먼저 1871년에 왔다. 이 두 사람은 처남매부간이다.

당시 한국은 상태가 험악했다. 1871년에는 미국의 아세아함대가 강화도에까지 쳐들어와 문호개방과 통상

조약을 강요했고, 5년 전인 1866년에는 프랑스함대가 강화도만 아니라 한강에까지 깊숙이 쳐들어와서 프랑스 신부들의 학살과 천주교들의 박해를 추궁하다가 물러났다. 그 뒤 대원군은 더욱 기고만장하여 쇄국양이(鎖國洋夷)와 사교금압(邪敎禁壓)을 더 세차게 밀어부쳤다.

나라 형편이 이 지경이었는데 어찌 입국선교를 기도할 수 있었겠는가. 로스 목사는 압록강 너머 멀리 한국 땅을 연민의 정을 가지고 바라볼 뿐, 만주 땅에 산재한 한인들에게 전도를 먼저 시작했다. 그는 한국말 선생을 물색하던 중에 어느 날 한 사람이 그가 묵고 있던 객주집으로 찾아왔던 것이다. 그 한인은 장사꾼이었다. 인삼 등 한약재를 싣고 압록강을 넘어오다가 배가 뒤집혀 알거지가 된 사람인데 자기를 어학선생으로 써달라는 것이었다. 이응찬(李應贊)이란 사람이었다.

또 로스 목사는 이응찬의 소개로 이성하(李成夏), 김

진기(金鎭基), 백홍준(白鴻俊), 서상륜(徐相崙) 등을 만나게 되었다. 다 같이 동고향 의주(義州) 출신 장사꾼들이었다. 그러나 그들은 서당에서 제대로 한문공부도 했고 살림도 그리 구차하지 않은 넉넉한 사람들이었다.

그러면 어찌하여 그들이 장사꾼이 되었을까? 사농공상(士農工商) 사민(四民) 중 제일 밑바닥 계급인 상민을 자취했을까? 그 이유는 첫째로 상공업의 천시사상은 망국사상이며, 둘째로 쇄국정책은 마땅히 풀고 나라를 개방해야 하며, 셋째로 만주에서 열리는 국제시장에 나가봐야 숨통이 터질 것만 같아서 장사꾼으로 변신했던 것이다.

한편 매킨타이어 목사는 전도보다 한국의 역사와 문화를 연구하는 데 주력했다. 1897년에는 『한국어론』이란 언어학 연구서를 내었는데, 그는 그 책에서 "한국인들이 사용하는 문자는 표음문자인데다가 매우 간단하고 과학적이고 배우기 쉬운 문자"라 극찬했다.

그러면서 로스 목사와 매킨타이어 목사는 성서번역을 시작했다. 우선 그들은 서상륜 · 이응찬 등으로 하여금 중국어성경을 한국말로 번역하게 하고, 자기네들은 희랍어 원전과 영어성경을 대조해가면서 한글성서를 써내려갔다. 그리하여 1881년에 누가복음 번역에 성공했다.

누가복음 1장 5-7절은 이렇게 되었다. "유대왕 헤롯의 때를 당하야 아비아의 반열에 제사 일함은 샤카랴요 그 쳐는 아론의 후예 일홈은 이리사벳이나 두 사람이 하나님의 압희서 올후쟈-라 쥬의 경계 례의를 다 좃차 행하기를 그릇함이 없사되 다뭇 아들이 업슴은 이리사벳이 잉태치 못하고 두 사람의 나희 또 늙음이라" 했으며, 2장 13-14절은 "문득 열어 텬군이 이셔 사자가 함께 하나님을 숑양하여 일오디 우에는 하나님의게 영화하고 알에는 그 깃부물 닙은 사람이 평안하리라" 했다.

이것이 한국 최초의 한글성서이다. 순토박이말로 된

한글성서이다. 필자가 이해를 돕기 위하여 띄어 썼을 뿐 원문 그대로이다. 알아듣기 어려운 말들이 많지만 우리말 방언 연구의 보고이기도 하다. 1887년에는 『예수셩교젼셔』라는 이름으로 신약전서가 출판되기도 했다.

(「신앙계」 2002년 3월호)

토박이말로 뿌리내린 한국교회

역사적인 한국 초대교회의 이름과 땅이름을 주제로 하여 글을 쓰기로 했다. 모두가 토박이말로 된 것들이다. 모두가 학문적 교회사학적 논문으로 써야할 문제이지만 야담 야화식으로 쓰기로 했다.

한국 그리스도교회는 크게 나누어 천주교회와 개신교회 둘로 볼 수 있다. 천주교회는 1784년에, 개신교회는 1884년에 창설되었다. 꼭 백년 간격으로 따로따로 창설되었다. 그런데 천주교회는 학자들이 주가 되어 창설되었기 때문에 거기에는 배울 학(學)자가 붙어 다녔고, 개신교회는 평민들이 주가 되어 창설되었기 때문에 '쟁이' 와 '꾼' 이란 꼬리말이 붙어 다녔다. 예를 들어 당시 지배계급은 천주교를 서학(西學) · 천주학(天主學)이라 했다. 천주학을 사학(邪學)이라 고발할 때는 임금도 애비도 모르는 무군무부지학(無君無父之學)이라 핍박했다.

반면에 개신교에 대해서는 '예수쟁이' 또는 '예수꾼'이라 멸시했다. 그 초대교인들은 거의 다 돌쟁이 · 화쟁이 · 페병쟁이 · 농사꾼 · 장사꾼 · 일꾼들이었기 때문이다.

한문만이 진서(眞書)요 정문(正文)이라 숭상했던 당시 지배계급으로서는 배우지 못한 백성들이나 아녀자들이 쓰는 순 언문으로 된 성경을 숭상하는 자들을 그렇게 멸시할 수밖에 없었을 것이다. 예를 들어 최초의 한글 성경인 『예수셩교젼셔』(1887년 출간)의 마태복음 5장 29절을 "만약 우컨눈이 너희를 거치게 하면 듀구쳐 버리고 차라리 벽체중에 하나이 입살지언뎡오 온몸이 디옥에 던지물면하고"라고 번역했다. 순 평안도 사투리 투성이의 토박이말 번역이어서 지금 우리가 보아도 촌스럽기 짝이 없다.

그로부터 13년 후에 나온 새 번역은 "만일 네 올흔 눈이 너로 범죄케 하거든 빼어 버리라 네 빅체중에 하나를 일흔거시 온 몸이 디옥에 빠지는것 보담 유익하고"(『신약젼셔』, 1900년판)라 했다. 철자법은 나름대로 통일되었고, 띄어쓰기와 서울 표준말로 되어있기 때문에 훨씬 이해하기 쉽다. 그러나 이것도 역시 지배계급이 볼 때는 비천한 토박이말 언문서적이다.

이와 같이 한국 개신교회는 어려운 한문을 버리고 민중의 상용어인 토박이말로 성경을 번역했다. 이것은 하나의 혁명이었다. 그럼으로써 역사적인 공헌을 했다. 이는 마치 마르틴 루터가 라틴어를 버리고 독일 민중의 토박이말로 성경을 번역함으로써 역사적 공헌을 한 것과 같다. 그럼으로써 루터는 민중의 호응을 얻고 종교개혁에 성공했을 뿐만 아니라, 독일 민족문화의 발전과 유럽 문예부흥의 선구자가 된 것이다.

초대교인들은 성경만 아니라 교회 이름도 토박이말로 지었다. 그리고 그 교회 이름은 곧 바로 그 고장 땅이름과 통했다. 예를 들어 오늘날 '새문안교회' 는 본래 정동에 있다가 '새문안' 으로 이사 감으로부터 지어진 이름이다. 오늘날 감리교의 '정동교회' 는 창설 당시부터 지금까지 '정동' 에 있으니까 '정동교회' 인 것이다.

끝으로 한마디 말을 한다. 초대교인들은 교회를 '예배당' 이라 했지 '교회' 라 하지 않았다. 그래서 정동교회의 본래 이름은 '정동예배당' 이었다. 마찬가지로 새문안교회의 본래 이름은 '새문안예배당' 이었다. '교회' 라는 말은 일본문화의 침투 후에 생긴 말이다. 이런 문제를 오늘날 교회사가들은 전혀 모르고 있거나 도외시하고 있다.

(「신앙계」 1998년 7월호)

광개토대왕비문이 한글로 됐다면?

중국은 지금 고구려를 자기네 지방정권의 하나였다고 우겨대고 있다. 이것은 분명히 그네들의 오래 묵은 패권주의의 신호탄이다. 이에 대하여 우리 정부는 특사를 파견하여 강력하게 항의했다. 국회의원들도 여야가 하나 되어 대책을 강구중이며, 언론계는 언론계대로 학계는 학계대로 부산하게 움직이고 있다.

그러나 중국의 대통령 격인 후진타오 국가주석은 고구려사 왜곡의 주범으로 이른 바 '동북공정(東北工程)'을 직접 지시해 놓고도 그것은 중앙 정부와는 무

관한 일이라고 발뺌을 하고 있다. 엊그제 중국 외교부 차관이 찾아와 했다는 5개 항의 구두합의라는 것도 일을 저질러서 문제를 만들어 놓은 측이 "고구려사 문제가 중대 현안으로 대두된 데 유념한다"는 적반하장 격의 이상한 소리를 늘어놓고 있다.

현재 중국은 여러 민족으로 구성된 나라이다. 그러나 역시 한족(漢族)이 약 92%로 제일 강한 민족이다. 5호(胡)16국(國) 시대, 요나라, 원나라를 비롯해 북방 민족이 현 중국 지역을 차지한 경우를 제외하고는 중국은 역시 한족의 나라였다.

가까이 청나라와 금나라는 만주족이 세운 나라였다. 특히 청나라는 대규모 정복전쟁을 통해 서쪽으로는 위구르와 티베트 지역까지, 북으로는 내몽골과 준가르, 남으로는 대만과 베트남, 미얀마 일부까지 경략한 대제국이었다. 청 태종은 10만 대군을 이끌고 우리나라까지 점령했다가 물러갔다.

현재의 중국인들은 300년간 만주족의 식민지로 있었으나 그들에게 어떤 면에서 감사해야 한다. 한족이 세운 명나라 때보다 거의 2배나 넓은 영토를 확보해 주었기 때문이다. 현대 중국을 세운 이들은 '만주족을 멸망시키고 한족을 부흥시키자(滅滿興漢)'는 기치를 내걸면서도 만주족이 확보한 영토에 대해서는 고스란히 영주권을 주장했다. 지금 중국의 영토에 들어가 있는 티베트, 위구르 등 소수민족의 독립 시도가 끊임없이 문제 되는 것은 바로 그 대가이다.

이런 초강국을 세운 만주족의 언어는 지금 사어(死語)가 되어버렸다. 만주족은 그 씨조차 찾아보기 어렵다. 왜 그리 되었을까? 대답은 간단하다. 만주족은 황실에서 사용하는 것을 제외하고는 자기네 고유의 말과 문자를 무시하고 중국어와 한자를 공용어로 썼기 때문이다.

여기서 우리는 역사적 교훈을 얻게 된다. 즉 한 민족의 고유문자는 살아 있다는 것 그 자체가 강한 무기

구실을 한다는 사실이다. 다시 말해서 한족은 나라는 빼앗겼지만 말과 글자는 살아 있었기 때문에 다시 정권을 회복할 수가 있었다. 반대로 만주족은 정권은 잡았지만 자기네 고유의 말과 문자를 버렸기 때문에 죽었던 것이다. 만주족은 스스로 무기를 버리고 투항한 셈이 됐다.

이런 점에서 볼 때 만주 벌판에 우뚝 서 있는 광개토대왕비문이 한글로 쓰여 있다면 중국은 감히 고구려를 자기 것이라고 우겨댈 수 없었을 것이다. 600년 전 세종대왕이 한글을 창제하지 않았다면 우리 민족은 벌써 한족에 흡수됐을 것이다. 한글이 창제되자 최만리 같은 얼빠진 신하들은 "우리 조선에서는 지성으로 대국을 섬겨서 한결같이 중화의 제도를 따랐습니다… 그런데 어찌하여 새로 언문을 만들어서 스스로 오랑캐가 되고자 합니까?" 하고 반대했다.

그런데도 어찌하여 오늘날 한자문화권 타령을 하는 사람이 그리도 많은가? 한자는 이미 녹슨 창검과 같은 것이 돼 버렸으며 바퀴가 떨어져 나간 탱크와 같은 것이 되고 말았다. 뜻글자인 한자는 하나의 기호처럼 된 지가 오래다.

중국 본토에서는 간자(簡字)라 하여 획수가 많거나 복잡한 한자는 죄다 간단한 글자로 바꿔치웠다. 그래서 지금 중국에 가면 간판이나 땅 이름이나 신문이 온통 간자로 돼 있기 때문에 미국이나 유럽에 갔을 때보다 더 불편하고 이질감을 느끼게 된다.

언젠가 신문에서 "한글도 수출된다"는 기사를 읽었다. 중국의 어느 약소민족은 문자가 없기 때문에 우리 한글로 글살이를 한다는 것이었다. 또 중국의 서북쪽 우루무치에는 3년 전 조선족이 한글학교를 세웠는데 위구르족, 몽골족, 회족, 카자흐족 학생들이 한글을 배우고 있다는 것이다.

폐일언하고 한 민족의 고유문자는 핵무기보다 더 강한 무기라는 것을 어찌 모르는 것일까? 그러므로 한글운동은 단순히 한글 전용이냐 국한문 혼용이냐의 문제가 아니다. 국가 방위의 문제이다. 한글날 국경일 제정 운동도 단순히 한글날의 위상을 한 단계 높이자는 문제가 아니다. 한글을 세계화함으로써 세계 평화와 번영에 이바지하자는 데 그 목적이 있는 것이다.

(「한국일보」 2004.8.27.)